孩子，为你自己读书

谷鹏磊　王巧玲◎编著

中国纺织出版社有限公司

图书在版编目(CIP)数据

孩子，为你自己读书 / 谷鹏磊，王巧玲编著.
北京 : 中国纺织出版社有限公司，2025. 5. -- ISBN
978-7-5229-2543-1

Ⅰ. G442

中国国家版本馆 CIP 数据核字第 2025EF1297 号

责任编辑：邢雅鑫　　责任校对：高　涵　　责任印制：储志伟

中国纺织出版社有限公司出版发行
地址：北京市朝阳区百子湾东里 A407 号楼　邮政编码：100124
销售电话：010—67004422　传真：010—87155801
http://www.c-textilep.com
中国纺织出版社天猫旗舰店
官方微博 http://weibo.com/2119887771
德富泰（唐山）印务有限公司印刷　各地新华书店经销
2025 年 5 月第 1 版第 1 次印刷
开本：710×960　1/16　印张：8
字数：85 千字　定价：49.80 元

目录

第一章 孩子，你在为谁学习

NO.1 你为什么要学习 / 2

NO.2 学习要有方向 / 5

NO.3 从现在起，抓紧时间努力学习 / 8

第二章 计划对了，学习才不累

NO.1 做足准备才能避免时间浪费 / 12

NO.2 学习计划怎么制订 / 15

NO.3 计划不可脱离课堂 / 18

NO.4 学习计划要顺应生物钟 / 21

第三章 专注上课 40 分钟，学到就是赚到

NO.1 上课注意力不集中怎么办 / 26

NO.2 怎么跟上老师的上课思路 / 30

NO.3 听课要注意的三大内容：方法、例题、要点 / 33

NO.4 爱发言，比你想象的要重要 / 36

第四章 有问题意识，学习才能不迷茫

NO.1 不懂就要问，问问题不丢人 / 40
NO.2 睡前六个问题，做好每日总结 / 43
NO.3 不会的问题，还可以问同学 / 47

第五章 预习复习不掉队，学习才能更轻松

NO.1 预习≠全都弄懂 / 52
NO.2 预习不是看一遍就结束 / 55
NO.3 制订自己的复习计划 / 58
NO.4 复习要主动、及时、有规律 / 63

第六章 书，既是良师也是益友

NO.1 读书让你拥有“无敌战力” / 68
NO.2 孩子，你真的会读书吗 / 71
NO.3 看书只需要“看”就可以吗 / 75

第七章 好记性不如烂笔头

NO.1 整理笔记，相当于梳理知识 / 80
NO.2 课上怎么做笔记 / 83
NO.3 做完笔记也要记得复习 / 87
NO.4 做好难题和错题笔记 / 90
NO.5 八个做笔记的好习惯 / 92

第八章 做好时间管理，让学习更高效

NO.1 学习时间总是不够用怎么办 / 98
NO.2 早晨起床这段时间怎么用 / 101
NO.3 学习要劳逸结合 / 104

第九章 记忆有方法，学习才能事半功倍

NO.1 记忆力并非天生 / 108
NO.2 想象力有助于记忆 / 111
NO.3 激活大脑潜能，让记忆力更强大 / 114
NO.4 两招教你快速记忆 / 117
NO.5 记忆始于观察 / 120

第一章

孩子，你在为谁学习

NO.1 你为什么要学习

一个学生在日记中这样写道：

“在我们家，爸爸工作比较忙，一直是妈妈照顾我的生活和学习，从小妈妈就督促我努力学习，到初中后对我要求得更严了，所以我一直认为学习就是为了妈妈。”

想必很多青少年都和案例中的孩子一样，对自己的人生感到迷茫，不明白自己为谁读书，而这种学习态度直接导致了他们对学习和生活没有热情，每天看起来无精打采的，对什么都不在乎。

为谁学习和读书

01 问自己：你是为谁学习

提问会引起思考，问问自己：我在为谁学习，我学习的目的是什么？

小建议

如果你找不到答案，也可以寻求父母和老师的帮助。

02 告诉自己：你是为自己读书

你要让自己明白，读书是为了自己，是为了获取知识，是为了让自己未来的人生之路走得更平坦。

03 了解学习的重要性

你要告诉自己，在这样一个竞争十分激烈的社会中，没有知识，就等于没有生存的本领，每个人都在用知识为自己的未来打拼。寒窗苦读的过程的确很辛苦，但这是一个人立于世的必经过程。

成长指南

我们只有明白自己在为谁读书，为什么读书，才会有一种向前的驱动力，才会觉得学习是一种乐趣，才能克服学习中出现的各种困难。学习积极性提高了，学习效率也就提高了。

NO.2 学习要有方向

《血字的研究》是阿瑟·柯南·道尔在 1887 年创作的中篇小说，这部作品中列出了一份福尔摩斯的学识简表：

福尔摩斯的学识简表

- 文学知识——无。
- 哲学知识——无。
- 天文学知识——无。
- 政治学知识——浅薄。
- 植物学知识——不全面，但对颠茄、罂粟和一般的毒药很有研究。对实用园艺一无所知。
- 地质学知识——偏于实用但有限。一眼就能分辨出不同的土壤。散步后，他给我看他裤子上的泥点，并能根据泥点的颜色和形态说明他是在伦敦哪个地方沾到的。
- 化学知识——精深。
- 解剖学知识——准确，但不系统。
- 惊险文学知识——很广博，他似乎对近一个世纪中发生的一切恐怖事件都了如指掌。
- 小提琴拉得很好。
- 善使棍棒，也精于搏击。
- 关于英国法律方面，他具有很多实用知识。
- ……

我们从这张简表中可以发现，福尔摩斯的知识是有自己特定结构的，任何一个有成就的人，他的知识结构都可以很好地为他的成功服务。对学生来说，假如可以准确地在无穷无尽的知识中选择某一部分、某一领域作为学习的主要方向，就比较容易成功。

如何找到学习方向

01 选定方向，发挥优势

即便是智力普通的人，只要善于选定自己的方向，发挥自己的优势，就会有所成就。

小建议

如果你的优势学科是英语，那就要努力提高英语成绩，使英语成为自己的特长。

02 抓住重点

学习的时间是有限的，但学习的内容却是无限的，因此要学会选择，把握重点。

确定重点之后，必要时根据学科本身的系统性，将重点内容细分为几个专题，在兼顾其他各学科学习的同时，集中一个月或几周的课余时间去攻一个专题，解决一个专题之后，再集中精力去专攻第二个专题。这样逐一攻破，不管对于补弱科还是提高优势学科，都是行之有效的。

成长指南

人的一生都是由大大小小的选择连接而成的，小到每时每刻的决定，大到在人生十字路口的选择，而学习也不例外。在学习中我们应善于定向选择，知道哪些是自己比较擅长的，哪些是自己的薄弱点，我们只有选择对了，学习效率才会真正地提升。

NO.3 从现在起，抓紧时间努力学习

东汉时有名学者名叫董遇，幼年时代就痛失双亲，但他仍然孜孜不倦地学习，只要有闲暇时间，他就会学习。他曾经说："我是利用'三余'来学习的。""三余"，即"冬者岁之余，夜者日之余，阴雨者时之余"。也就是说，在冬天、晚上、阴雨天不能外出劳作的时候，他都用来学习，这样日积月累，终有所成。

时间是构成生命的材料，谁了解生命的重要性，谁就能真正懂得时间的价值。我们最宝贵的生命不过几十年，而生命是由一分一秒累积起来的。

如何利用好时间去学习

01 养成良好的习惯

一个人在一天内的所有行为中，非习惯性的行为是很少的，绝大部分的行为都是习惯性的。像每天早上起来的刷牙，就已经是一种无须思考的行为了。花上一段时间，把你的学习计划变成习惯之后，你就会发现自己离目标越来越近。

02 要有坚定的决心和持之以恒的毅力

条条大路通罗马，既然选择了自己的路，就要毫不犹豫地走下去；一直在原地徘徊，犹豫不决，不知是否该前进，只会让时间白白流走。

03 要找到适合自己的方法

你可以根据自己的性格特征找到一条适合自己的路。比如，在看书上，每个人每天都有自己的兴奋时间，你可以在这段时间看一些自己并不是很感兴趣的书，而在情绪比较低落的时候可以看一些自己喜欢的书，调节一下。

04 不要浪费零散的时间

有时候你会发现自己很忙，无法拿出较长的时间来学习。这时你可以学习利用零散的时间来完成你的学习计划。

成长指南

爱因斯坦说："在天才和勤奋两者之间，我毫不迟疑地选择勤奋，它几乎是世界上一切成就的助产士。"如果你能做到勤奋学习、勤奋做事，你必定会有所收获。

第二章

计划对了，学习才不累

NO.1 做足准备才能避免时间浪费

不少学生有做事慌张的毛病：明明说好第二天全家郊游，到了目的地才发现不是少带这个就是忘了那个；上学时，到了学校后总是发现没带课本；学习上毫无计划性，学习效率也不高……其实，这些不良行为习惯完全是缺乏计划的表现，如果不加以纠正，久而久之，会造成浪费时间、效率低下的后果。

做足准备，节约时间

01 养成凡事做计划的习惯

有备才无患。无论多小的事情，都要有做计划的意识，这道简单的程序不仅是锻炼你做事严谨的一种手段，也是让你具备独立的思考能力、处理能力的机会，是让你更好地解决问题的重要前提。

02 检查你的计划

在制订计划后，你还要仔细检查并完善计划，分析什么问题可能遗漏了，什么步骤可能没必要。

03 获取家长支持

制订一份合理的学习计划，就等于找到了促进学习进步的金钥匙。与家长交流你的学习计划，获得他们的理解和支持，创造更好的学习环境。

成长指南

统筹规划的意识和能力，是一个要做大事的人取得成功所必备的重要素质，而这种素质只有在从小就制订具体的计划并严格执行的实践中才能培养形成。

NO.2 学习计划怎么制订

一位学生提到自己的学习计划："每天我都会为自己制订学习计划，按照计划一步步执行下来不但成就满满，而且可以帮助我养成良好的学习习惯，事半功倍！"

日常安排

7:00—8:30	洗漱、吃早饭时间
8:30—12:00	上学时间
12:00—14:00	午休时间
14:00—16:00	上学时间
16:00—17:00	放学时间
17:00—18:00	复习和作业时间
18:00—19:00	晚饭时间
19:00—20:30	业余学习时间
20:30—21:00	洗漱时间
21:00以后	睡觉时间

制订有效的学习计划，可以让自己的学习生活节奏分明，从而在学习时就能安心学习，在活动时就积极参加活动。当这些成为自觉的行为，时间长了，就会养成良好的学习习惯。

什么样的学习计划最有效

01 短期和长期计划相结合

我们在开始任何学习之前，都需要为自己制订一个周密的学习计划。

短时间

设定3小时自习时间，然后将3小时分成若干个时间段，每段时间做哪个科目，如此计划好。

长时间

课外阅读计划为半个月的时间看完一本书。每天看几页、一天中的哪个时间段适合看书，这些都需要写在学习计划里。

02 早晚预习和检查自己的学习计划

每天早上醒来，想想这一天有哪些事情要做。把这一天的时间都计划好，然后按照自己的计划去严格执行。

睡前检查一下，今天的计划是不是都完成了，完成的结果是不是让自己满意。就这样，每天晚上检查自己的学习计划，才能切实地提高自己的学习效率。

03 及时调整计划

当计划执行到某一阶段的时候，需要检查自己的学习效果，并对原计划中不合适的地方进行调整。而且，计划制订之后需要坚决执行，否则前面所做的就是无用功。

成长指南

对于那些喜欢拖拉的同学，坚定执行计划是极具挑战性的。同学们一定要记住：抓住今天，今天的事情今天完成，不要总安慰自己明天一定会完成。

NO.3 计划不可脱离课堂

一对父母对自己孩子的教育很有一套自己的想法。他们给自己的孩子制订了一个学习计划，认为只要孩子按照这个计划来学习，就一定会取得好成绩。

在父母想法的影响下，学生在上课时不能集中注意力听讲，老师的话也听不进去，下午自习课上，总是在按照自己的那一套计划学习。

最终，这个学生在参加中考的时候，并没有获得满意的成绩，其原因就是学习计划脱离了课堂学习。

在制订学习计划的时候，一定不能脱离老师的课堂教学。许多老师都有着数年、数十年的教学经验，对如何指导学生学习有着很深的体会，学生也应该紧跟着老师的教学、复习计划。当然，课堂教学是针对大多数学生的，并不是面面俱到，这时，我们可以根据自身情况加以调整。

计划要与课堂知识相结合

01 白天学什么，晚上复习什么

你的学习计划也许有所侧重，如补习自己薄弱的科目，但白天学习了什么，晚上便应该复习什么，这不仅是巩固新知识，而且是一个短期计划的实施，只有打好了每一天的复习战，才能确保长远计划的实施。

02 补弱项还是增强项

通常情况下，比起强化强项，弥补弱项更容易获得进步。原因之一就是，在强项中总结出的好的学习方法，往往适用于学习自己的弱项。而且，学习自己比较差的课程，使用相对少的精力就可以取得进步，越基础的知识也越容易掌握。

03 弥补自己在课程学习中的“漏洞”

你可以通过总结考试、分析以前做过的题目、回忆再现等方法，找出自己课程学习中的漏洞，然后根据这些漏洞的严重程度以及对目前学习影响的程度，确定最先要弥补的漏洞。

成长指南

通常情况下，在一段时间里，如几个月到半年，你通常只能解决至多两三门课程的问题，很难把考试要求的课程全部突破。因此，你可以以三个月为单位巩固学得不错的学科。而对于那些需要入门或突破的课程，则每天分配更多的时间。

NO.4 学习计划要顺应生物钟

生物钟是生物体内的一种无形的“时钟”，实际上是生物体生命活动的内在节律性。研究证明，合理利用生物钟，掌握最佳学习时间，可以有效提高工作效率和学习效率。

紧张的学习实际上就是脑力的竞争，学习的效果主要取决于大脑的状态。所以，我们要学会科学用脑。而科学用脑最重要的一条，就是充分利用好每天的最佳学习时间段。人在一天的不同时期，大脑的活跃度是不一样的，学习的最佳时间应该是一天中大脑最清醒的时候。

四个最佳学习时间

01 清晨起床后

第一个最佳学习时间是清晨，大脑经过一夜的休息，消除了前一天的疲劳，处于新的活动状态，十分清醒。这时不管是阅读还是记忆，印象都会很深刻，比较适合学习一些难以记忆但又必须记忆的东西，如英语单词、数学公式、语文诗词等。

02 上午 8 点—10 点

第二个最佳学习时间是上午 8 点至 10 点。这时人的精力充沛，大脑很容易兴奋，思考能力最佳，这时候是攻克难题的大好时机，应该充分利用。

03 下午 6 点—8 点

第三个最佳学习时间是下午 6 点至 8 点，也是用脑的最佳时段。许多人利用这段时间来复习一天所学的内容，加深印象，归纳整理，也是整理笔记的黄金时机。

04 入睡前一小时

第四个最佳学习时间是入睡前一小时。可以利用这段时间来加深印象，尤其是对一些难以理解的东西加以复习，更不容易忘记。

小建议

不同的学生有自己独特的学习时间规律和习惯。为了提高学习效率，要善于发现并充分利用独特的最佳时间段。

成长指南

一些学生为了提高自己的学习成绩，选择挑灯夜战，牺牲自己的睡眠时间来学习，这一点是不可取的。每天晚上需要的睡眠是为了保证第二天白天有足够的精力学习，减少睡眠时间只会让自己上课的效率变低。而课堂上的学习是不能被影响的，上课听讲出问题，课下几倍的时间都补不回来。

第三章

专注上课40分钟，学到就是赚到

NO.1 上课注意力不集中怎么办

娜娜从小就深知“认真上课”的重要性，她跟别人不太一样的地方就是，每个科目都会特别认真地听，基本上没在课上干过诸如看闲书之类的事情。娜娜认为，要想学习好，一定要认真听课，注意力高度集中，不能走神。

不好的听课习惯会影响到学生自身的学习效率，作为学生，我们应该努力做好自己的事情，那就是专注听课。

如何做到在课堂上专注

01 重视课堂 40 分钟

学习主要是通过课堂教学来完成的，但有些同学没有把握好这个重要的学习机会，他们往往把希望寄托在课后靠自己看书来理解老师所讲的知识。因此，他们在上课时根本没要求自己集中精神去认真听课，结果将宝贵的时间白白浪费了。

02 带着任务听课

当一节课开始的时候，老师往往会将本节课需要完成的任务、达到的目标明确地说出来。这时候我们应该记住本节课听课的具体任务是什么，并按照这些要求认真听好老师的课，这样一来，带着一定的任务听课，我们的注意力就不容易分散了。

03 扫除听课障碍

有的学生学习基础不够牢固，知识点漏洞多，就造成理解困难，感觉听不懂老师在讲什么，这样就很难集中精神继续听了。对这些同学而言，解决上课注意力不集中的第一任务就是巩固自己的基础知识，及时补好知识漏洞，这样才能养成好的学习习惯。

04 提高自我控制能力

一堂课 40 分钟，这对自我控制能力较差的学生而言难免会辛苦。我们就需要增强自己的自我控制能力，全身心地投入到听课上。如果完成了专注课堂的任务，还可以给自己小奖励。

05 保证休息时间

在课余时间，我们要过有规律的生活，要克服看电视或玩游戏到半夜的坏习惯，不要让低能量的事情耗费自己宝贵的时间与精力，这样才能保证自己精神百倍地出现在课堂上。

06 把听与思考结合起来

学习本身就是一种脑体结合的复杂劳动，在上课时多动脑筋思考可以帮助我们更加集中精力。

成长指南

注意力是心灵的警卫，如果学生上课不集中精神，就等于注意力这个警卫失职了，它会将那些原本应该接收的信息拒之门外，而且让那些不应该接收的信息进入心里，从而导致学生们的正常学习受到影响。

NO.2 怎么跟上老师的上课思路

说到自己的英语学习秘诀，一位女同学说：“上课时跟着老师的思路是绝对不会错的。”

在阅读课上，她完全是跟着老师思路走的，课后的阅读训练也主要是利用老师布置的作业进行练习。在听力课上，她也会认真听老师介绍的做题目的技巧。如老师给出练习音频，她回家就会练习听写。

总而言之，她觉得自己之所以在英语考试中获得这样优异的成绩，确实要归功于自己认真听课，善于跟着老师思路走的听课策略。

对于那些学习基础较好的学生，不要觉得自己很多内容都懂了，假如你能在课堂上跟着老师的思路走，就会达到“温故而知新”的目的。

跟紧老师思路这样做

01 重视课堂提问

通常情况下，老师在课堂上提出的问题都是学习的重点和难点，如果你能对老师提出的问题做进一步的思考，就可以顺势抓住老师的思路。

02 重视预习

我们还可以根据预习时对课本的理解抓住老师的思路。老师讲课在大多数情况下是按照教材本身的知识结构展开的，把自己预习功课时所理解过的知识逻辑结构与老师的讲解过程进行比较，就可以轻易地抓住老师的思路。

03 重视老师的提示

老师在授课的过程中，经常会出现一些提示语，如“请注意”“我再重复一遍”“这个问题的关键是”等，这些提示语就体现了老师的思路。

04 暂且搁置听不懂的问题

在听课过程中，假如遇到了听不懂的问题，暂且搁置一边。假如你当时硬是想弄懂这个问题，势必会分散你的注意力，这样就会影响听课效果。

成长指南

在课堂上，只要你紧跟老师的思路走，就可以提高自己的知识水平，同时也能促进自己能力的提高。所谓知其然知其所以然，这就是掌握知识的完整思维过程。

NO.3 听课要注意的三大内容：方法、例题、要点

一位学生这样解释如何有效听课：

“听课时，我们虽然不可能把老师所讲的每一句话都印在脑子里，但这节课的关键内容一定要抓住。”

听课对我们的学习有着十分重要的作用，课听得是否好，直接关系到我们最终的学习成绩。

把握听课的三大内容

01 重点听方法

我们在学习汉字的时候，通常都要关注“形”“音”“义”三方面；

我们在学习小说的时候，通常都是从人物、环境、情节这三个要素入手；

我们在写记叙文的时候，则主要是从时间、地点、人物和事情发生的起因、经过、结果六方面进行叙述。

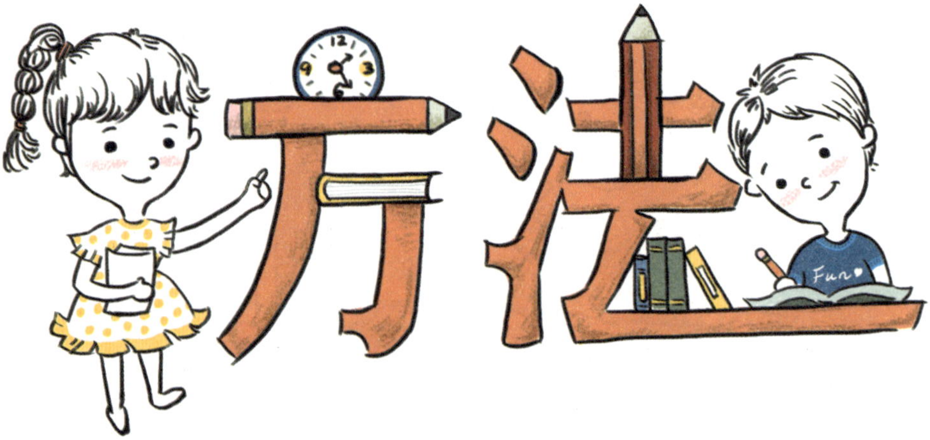

02 重点听例题

听课时，要特别关注老师讲解的例题。认真观察解题步骤，理解每个步骤背后的逻辑和原理。尝试将这些应用到其他类似问题上，培养举一反三的能力。这样，你不仅能掌握知识点，还能提高解题技巧，让学习变得更高效。

03 听重点和要点

许多老师在讲课正式开始之前会告诉学生一节课的重点，同学们对此要特别注意。

成长指南

老师在课堂上所讲的内容很多，我们要善于抓住听课的重点。要善于抓住老师讲课中的关键字、词、句，注意老师怎样导入新课，如何进行课堂小结，抓住老师反复强调的重点内容。

NO.4 爱发言，比你想象的要重要

Q：为何说积极回答问题非常重要呢？

A： 首先，积极举手发言能使听课更专注，不开小差、不做小动作。其次，积极举手发言能提高老师的积极性，让老师讲课更加投入认真。最后，积极举手发言能够让老师及时发现学生学习中碰到的一些问题。

积极回答问题通常会赢得老师的表扬，这样对于你培养自信是很有帮助的！

如何在课堂上做到踊跃发言

01 认真思考，提出自己的想法

在课堂上，有时候某些知识点难度较大，这些问题需要你主动询问，还有一些题目，可能你的答案是对的，但思路未必正确。当你在课堂上提出自己的想法时，老师可以及时为你讲解正确的思路，并且指出究竟是哪里有问题。

02 做好预习，带着问题上课并发问

我们需要为课堂做好准备，首先是课前预习。预习的时候有些不理解的问题是非常正常的，可以自己做好标记，带着疑问去听课，效率会更高。

03 培养自觉的习惯，要主动参与课堂

我们不需要担心自己的答案是否完美，重要的是参与和表达自己的想法。我们可以给自己设定小目标，比如每节课至少发言一次，逐渐将“我要积极回答问题”转化为“我想积极回答问题”，让自己建立自信。

被动		主动
我要积极 回答问题	→	我想积极 回答问题

04 提升技巧，清晰地表达自己的观点

有时候我们不敢发言是因为不知道怎么清晰地说出自己的想法，这是很正常的。我们可以试着先小声对自己说一遍，然后举手大声说出来。另外，我们还可以使用积极的肢体语言，比如挺直腰板、面带微笑，自信地回答问题。

成长指南

学生听讲必须注意教师讲课中的逻辑性。如果听课时遇到某一问题没听懂，可迅速记下来，此时不必钻牛角尖，要顺着教师的讲解去听。当然，听课的方法很多，因人而异，只要有利于提高听课效率的方法，就是好方法。

第四章

有问题意识，学习才能不迷茫

NO.1 不懂就要问，问问题不丢人

作为学生，需要在课堂上大胆质疑，敢于提问。维特根斯坦是大哲学家穆尔的学生，有一天，罗素问穆尔：“谁是你最好的学生？”穆尔毫不犹豫地说：“维特根斯坦。”“为什么？”“因为，在我的所有学生中，只有他一个人在听我的课时，老是露着迷茫的神色，老是有一大堆问题。”罗素也是个大哲学家，后来维特根斯坦的名气超过了他，有人问：“罗素为什么落伍了？”维特根斯坦说：“因为他没有问题了。”

由此可见，善于提问会让你不断进步，继而开发自己的大脑，提高自己的思考能力。当我们不断地询问“为什么”的时候，那些未知的知识就会接踵而来。

爱因斯坦曾说：“提出一个问题往往比解决一个问题更重要，因为解决一个问题也许是数学或实践上的一个技巧而已，而提出新的问题、新的可能性，从新的角度看旧的问题，却需要创造性的想象力，而且标志着科学的真正进步。”

培养自身怀疑和探索精神

01 有问题就要大胆提出来

我们所处的世界，存在着许多我们难以理解的现象，诸如“太阳为什么照常升起”“人为什么要吃饭”等。这些问题就像宝藏，需要我们去主动挖掘，因此，我们要保持提问的热情，有解决不了的问题就大胆提出来。另外，我们不需要担心问题是否“幼稚”，因为简单的问题也可能揭示出更深层次的道理。

02 具有怀疑的意识

也许，老师或父母会告诉你“这就是真理”“这是唯一正确的标准答案”。然而，无论是面对任何真理，还是所谓的正确答案，我们都应该有一种怀疑的精神。

小建议

正如李四光所说“不怀疑不能见真理”，只有经得起检验的理论才是真正的真理，而怀疑不过是检验中的一个步骤而已。

03 勇于探索实践

并不是每一次提问都能够直接获得答案，通常情况下，老师或者父母会引导我们展开思考，独立去解决这些问题。因此，我们在提问的同时还应该拥有探索的精神，朝着问题的方向，不断地拓展自己的思维，尽可能以自己的实践来证明自己的观点，解决那些难以理解的问题。

成长指南

发现问题、提出问题是我们必然要经过的过程。善于提问，不仅可以开发自己的大脑，有效地提高能力，而且能够在解决问题的过程中获得一系列知识。所以，大胆发问吧。

NO.2 睡前六个问题，做好每日总结

曾国藩在30岁左右的时候，给自己制订了严格的修身计划，称为“日课十二条”，内容如下：

- 主敬：整齐严肃，心如止水；应事时专一不杂，心无旁骛。
- 静坐：每日须静坐，体验来复之仁心。正位凝命，如鼎之镇。
- 早起：黎明即起，绝不恋床。
- 读书不二：一书未看完，绝不翻看其他书，每日须读十页。
- 读史：每日至少读二十三史十页，即使有事亦不间断。
- 谨言：出言谨慎，时时以“祸从口出”为念。
- 养气：气藏丹田，修身养性。
- 保身：节劳节欲节饮食，随时将自己当作养病之人。
- 日知其所亡：每日记下茶余偶谈一篇，分为德行门、学问门、经济门、艺术门。
- 月无忘所能：每月作诗文数首，不可一味耽搁，否则最易溺心丧志。
- 作字：早饭后习字半小时，凡笔墨应酬，皆作为功课看待，绝不留待次日。
- 夜不出门：临功疲神，切戒切戒！

年轻的曾国藩相信，所谓本性不能移完全是虚妄之语，他认为人的品行是可以改变的。而且，为了追寻心中那份远大的志向，他努力要改变自己，从而让自己的志向不再虚妄。

睡前有六问

01 今天在课堂上我与老师互动得如何？

首先，想一想今天课堂上有哪些互动环节，比如回答问题、小组讨论等。其次，思考自己是否积极参与了这些互动，是主动举手发言，还是等待被点名。最后，对自己的参与度进行评价，是满意、一般还是不满意。

02 通过这堂课，我在知识、能力、方法、技能、情感上有所收获吗？

躺在床上，可以回忆白天上过的课，回想自己在课堂上学到了什么：在数学课上学了什么，在语文课上学了一堂如何触动心灵的课，在化学课上又做了什么有趣的实验等。将各个学科的知识总结梳理一遍，加深在大脑中的印象。

03 我今天解决了哪些难题？

思考一下今天在学习过程中遇到的挑战，以及你是如何应对它们的。每次克服一个难题，都是一次宝贵的学习机会。把当日的经历看作一次演练，这样再遇到挑战时，我们就能更有信心地应对！

04 我今天的得与失在哪里？

得

比如从课堂上学到了哪些知识，自己在思维上有什么明显的变化，懂得了什么道理。

失

比如因为不专心听课遗漏了什么知识，哪些学过的东西没来得及复习等。失去的知识要花时间和精力补回来。

05 明天我还有哪些任务？

临睡前再想想，明天自己还有哪些任务呢？除了按时上课外，需要补习英语或数学吗？要不要阅读一篇课外文章，听一小时的英语？

06 今天我过得快乐吗？

我们要学会享受学习，才能体会到学习的乐趣。学习快乐是因为感受到了知识的魅力。不快乐仅是因为学习枯燥吗？还是自己某方面的原因呢？

成长指南

在大多数时候，我们只能借助外界的一些信息来认识自己。所以，我们在认识自己时很容易受到外界信息的暗示，迷失在环境里，并习惯性地把他人的言行作为自己行动的参照。向自己提问，就是进行每日总结，以此来了解自己。

NO.3 不会的问题，还可以问同学

汤姆年轻的时候很自负，有一次，一位工友把汤姆叫到一旁，大声对他说：“汤姆，像你这样是不行的！别人与你意见不同的时候，你总是表现出一副强硬且自以为是的样子，你这种态度令人觉得如此难堪，以致别人懒得再听你的意见了。”

这番话让汤姆受到了打击，他猛然醒悟了过来，开始重新认识自己，与内心做了一次谈话，并提醒自己：“要马上行动起来！”后来，他逐渐克服了骄傲、自负的毛病，获得了令人瞩目的成绩。

一个自负的人是听不到任何意见的，因为他拒绝倾听别人的意见，所以最后他还是一个自负的人，什么也不曾改变。在学习的过程中，假如你是一个自负的学生，像少年时期的汤姆一样，你可能很难进步。因此，在学习过程中，我们更要注重虚心请教、取长补短，实现共同进步。

学会向同学虚心求教

01 组成学习小组

如果自己某方面的成绩不好，我们可以在班里结交几位与自己可以组成学习小组的同学。意识到合作带来的成效，就会习惯于从合作中受益。

02 明白取长补短的重要性

在学校里，全面优秀的学生毕竟是少数，大部分学生总是有着或多或少的偏科情况。这时候，我们就要想办法提高自己的学习成绩，方法之一就是向班里优秀的同学请教，以同学之长补自己之短，实现双赢。

成长指南

在学习的道路上，不怕不懂，就怕不懂装懂，自以为无所不知，其实就是最大的无知。学习从来都不是一件容易的事情，在这个过程中总会遇到这样或那样的困难。我们要虚心向那些成绩比我们好的同学请教，从他们那里汲取经验。

第五章

预习复习不掉队，学习才能更轻松

NO.1 预习≠全部弄懂

一位学生和妈妈谈及自己的学习问题时说道：

在预习的过程中，我们肯定会有部分内容是搞不明白的，但我们无须着急。掌握一定的预习技巧有助于提高我们的听课效率。

如何进行预习

01 认清预习的目的

预习的真正目的是找出知识的重点和难点，便于在课堂学习时有的放矢。所以，在预习时没必要全部弄清楚，关键是要把问题找出来，写在笔记本上或书上，等到上课时与老师所讲的内容进行对照，从而提升学习效率。

02 注意预习方法

在预习过程中，主要有两个关键方面：一是知识回顾，二是假设联想。在预习的时候，不要马上就尝试理解新知识的具体内容，而是要先浏览，然后回顾一下以前所学过的知识。同时结合一些常识和推理思维，思考运用旧知识研究新知识的可能性。

03 循序渐进地预习

假如以前没有预习的习惯，现在想一下子每科都要提前预习，时间就会感觉不够用，搞得自己十分紧张，而预习质量也会受到影响。这时我们可以先选一两门自己学起来不会非常吃力的学科进行预习测试，等到自己习惯了课前预习之后，在时间允许的前提下，再慢慢增加科目，直到全面展开。

04 预习时间不宜过长

一节课的预习时间应控制在 15 分钟左右，这样不仅可以提高我们的阅读和学习速度，而且可以锻炼自己的概括能力和分析能力。有人提出了“一分钟提前量预习法”：课前提前一分钟坐好，然后开始看书思考，重点看大小标题。当老师讲课时，一边就老师讲授的内容反思自己的想法，一边解决重点和难点。

成长指南

预习可以帮助我们发现知识上的薄弱环节，在上课前快速补上这部分知识，不让它成为听课时的障碍，这样我们在学习和理解新知识时就会比较顺利。

NO.2 预习不是看一遍就结束

学习的目的之一是培养自学能力，预习就是培养自学能力的方法之一，也是拓展思维和想象能力的方法。当我们把主要精力集中在理解和思考重点问题上，就会变被动听课为主动听课，变被动学习为主动学习。

实际上，想要在课堂上能够集中精力听课，最好的解决办法就是调动自己的好奇心和求知欲，简单地说，就是需要有一个好的预习习惯。

掌握预习小妙招

01 预习知识点

预习需要理解知识点，而并非课本本身。许多学生只是看看课本，了解一下都讲什么内容，这其实是粗略的。好的预习是在自己笔记本上列出这章节的知识点，考虑前面所学过的知识点与这章节知识点有什么联系。在思考后简单地概括这些知识点。

02 掌握一些解题方法

许多学生就是看看例题，以为了解就可以了，这实际上是不够的。要了解课本上例题的解题步骤，以及这道题是对这个知识点的哪个角度的应用，包括为什么按照这个步骤解答、每一步有什么样的道理、包含了哪些知识点、解这类题的方法步骤是什么，我们都需要总结出来。

03 看、做、思结合

看：通常就是把新课通读一遍，然后用笔勾画出书上的重点和难点，需要查资料的一定要认真去查，需要记下来的就记下来。

做：就是在看的过程中需要动手做准备工作以及课后的练习题。

思：就是看的时候要思考，低头看书，抬头思考，用手写题，用大脑思考。在预习之后，我们要合上书本，回忆一下。

成长指南

预习可以促进我们主动、积极地学习，从而提高学习效率，也能激发我们内在的求知欲，使我们产生学习的兴趣。而且通过预习，我们可以进一步巩固对知识的识记和理解，发现知识上的薄弱环节，及时弥补，扫清学习新知识的障碍，这样就更容易弄清教材中的主要内容和疑难问题，有利于上课时跟着老师思路走，学起来也比较轻松。

NO.3 制订自己的复习计划

一位毕业生在接受采访时说，他的父母都是初中老师。他告诉记者，自己能取得好成绩，主要是因为自己在枯燥的复习中能够坚持下来，他觉得这种坚持很重要。

在这次采访中，他说想告诉学弟、学妹们，一定要做好复习。如果在复习中感到很枯燥可以想办法缓解压力，但一定要坚持下来。

你可能会认为，老师不是已经在课上为我们安排好了复习计划吗？只要跟着老师的步子走就没有问题，何必再费劲呢？这种想法是不对的，因为老师安排的复习计划是针对整个班级而言的，并不一定完全适合每个学生，所以你应该针对自己的情况，再制订一个适合自己的复习计划。

复习可以这样做

01 课后复习

课后复习就是，我们刚听完老师讲课，当日在课后花10分钟来消化和吸收老师刚刚讲过的知识。

小建议

由于老师刚讲完，因此我们对知识的理解和记忆都达到了较好的状态，这时我们只需要稍加复习和巩固，就可以牢牢地记住所学的知识。

02 章节复习

不论是哪门学科，都分为大的章节和小的课时，通常老师讲完一个章节的所有课时，就会把整个章节串联起来系统地讲一遍。我们同样可以在复习时这样做，因为既然是一个章节的知识，所有的课时之间肯定有联系。所以，我们可以找出它们的共同点，采用联系记忆法就可以把这些零碎的知识串联起来，便于我们记忆。

03 轮流复习

人在长时间重复地做某一件事的时候，免不了会出现疲劳，从而产生倦怠，达不到预期的效果。我们在复习的时候不要单一复习某一门科目，应该轮流复习。语文看倦了，就换换数学，然后换换英语，这样可以把单调的复习变成一件有趣的事情。

04 复习错题

我们在考试的过程中免不了会做错题目，不论这些题目是自己粗心才做错或者就是不会，都要习惯性地把这些错题收集起来，每个科目建立一个独立的错题集，当我们进行考前复习的时候，它们就是重点复习对象。

05 睡前复习

心理学家研究表明，人在一天中早晨醒来和晚上临睡之前记忆的效果是最佳的。在临睡前，我们需要把今天所学的所有知识都在大脑里系统地回放一遍，尽管是一天的知识，其实也花费不了很多时间，而且记忆的效果很好。

06 考前复习

俗话说："临阵磨枪，不快也光。"许多学生平时不下功夫，总是在考试前做突击复习，尽管这样的方法是不妥当的，但不得不说，考前突击的复习印象还是非常深刻的，特别是当你看到一个知识点，而考试中正巧考到了的时候，你对它的记忆就会更深刻。

小建议

虽然考前突击不是长期有效的方法，但短时间也有一定的效果！

07 间隔复习

集中复习内容太多，容易引起大脑的疲倦，从而减弱我们的记忆效果。所以，我们可以采取间隔复习法，每隔一段时间对知识进行一次系统的复习，当然间隔的时间不宜太长，毕竟人的记忆力是有限的，时间长了容易忘记。

成长指南

大量事实证明，复习不仅可以提高学习质量，而且可以提高学习效率。复习的意义就是加深认识和理解那些容易遗忘、生疏的概念或知识点。可以说，复习是承上启下的过程，复习了旧知识才能更深地理解新知识，通过复习，我们可以更准确地掌握旧知识，也可以为新知识的学习和理解做更好的准备。

复习要主动、及时、有规律

一位同学分享了他的复习小妙招：

我们可以制作一套表格，然后用A、B、C对知识的复习效果进行评价，比如，字母“A”代表“复习效果良好”，“B”就代表“复习效果一般”，而“C”就代表“没有实现预期的复习效果”。后期的复习中，标A的内容就不必花费更多的时间，标B的内容就要在做题时多加注意，标C的内容必须重做复习计划。

知识点	复习效果		
	A(　)	B(　)	C(　)
知识点一			
知识点二			
知识点三			

另外，复习时总结的易错题目也应填入相应表格中，以便冲刺复习时更有针对性。

而对没有复习到位的知识，一定要在补救措施栏填好复习计划，并在备考备忘栏中进行备注，方便检查落实情况，真正做到不留考点死角。

复习的目的就是要把不明白的、生疏的、遗漏的知识点搞清楚，是一个发现学习中存在的问题并解决问题的过程。

高效复习妙招

01 及时复习

遗忘曲线表明，遗忘的速度是先快后慢，遗忘在识记时就开始了。所以对于课堂知识的复习必须及时，课后把新知识回忆一遍，具有检验的作用。

小建议

假如顺利回忆，就说明掌握了知识；反之则应找到原因，改进听课的方法。

02 归纳复习

归纳复习就是对学过知识的重新组合，这样便于突破重点，掌握规律，防止机械重复，死记硬背。比如，语文复习中可以按照特征对课文进行分段：

- ☑ 按照故事的时间顺序分段，如《将相和》；
- ☑ 按照事物的不同类型或不同方面分段，如《动物的游戏》；
- ☑ 按照空间位置或环境的变化分段，如《草原》。

03 妙用技术工具

我们可以巧妙地利用学习软件的智能提醒功能，帮助我们按时进行复习，确保每个知识点都能得到及时巩固，从而提高学习效率和质量。

04 检测复习效果

随着时间的推移，有的知识被淡忘了，有的模糊了，有的不准确了，要想知道我们对各个环节的内容掌握得如何，就需要检测效果。比如，每周测试、每月测试、单元过关练习、期中考试、期末考试等，都是为了检测复习效果的。

小建议

检测需要限定时间独立完成，从而保证检测出来的效果的真实性。假如存在问题，应该找到错误的根源，并适时采取补救措施。

成长指南

相信掌握这些复习方法，你的学习成绩一定会有所提升。总之，你必须认识到每天坚持复习的重要性，只有将坚持复习和良好的复习方法结合起来，才能真正在学习上有所收获。

第六章

书，既是良师也是益友

NO.1 读书让你拥有“无敌战力”

《红楼梦》中的人物，不仅容颜清新，更有着出众的文艺气质，我们仔细品一品，就能发现他们的气质来源于书本的熏陶。

我们总是看到一些人对古诗词信手拈来，他们的才华着实让我们佩服。但也要看到，这背后是他们对古典文学的热爱和不断积累的结果。

多阅读可以让你多增加课外知识。弗朗西斯·培根说过：“知识就是力量。”多读书增长了课外知识，可以让你感到浑身充满了一股力量，这种力量可以激励着你不断地前进，不断地成长。

小建议

在书中，你往往可以发现自己身上的不足之处，使你不断地改正错误，调整自己前进的方向。所以，书也是我们的良师益友。

阅读有哪些好处

01 有助于形成良好的品格和健全的人格

我们大量阅读富有人文精神的童话故事、人物传记、小说等，书里的内容就容易影响我们的内心世界。如屈原“伏清白以死直”的忠诚，文天祥“留取丹心照汗青”的壮烈，等等。我们在阅读书籍时，需要读懂其生动有趣的情节，心中再现栩栩如生的形象，体味关于爱、友谊、忠诚、勇敢的精神，从而健全自己的品格和人格。

02 有助于积累优美语句

俗话说：“书到用时方恨少。”这里的少，一是读得少，二是记住的东西少。因此，我们在说话、写作文时便没什么词句可用了。

小建议

假如我们多读点课外书，多积累一些优美句子，时间长了，等到自己说话、写作文时便可以呼之即出、信手拈来、随心所欲。

03 有助于提高写作水平

不少学生在认识上都存在一个误区，总觉得看课外书就是看“闲书”，他们恨不得自己每分每秒都在听写、背诵、写作文，好像只有课本才能提高自己的语文学习水平。其实，课外阅读对于语文水平的提高有着非常重要的意义，正所谓“读书破万卷，下笔如有神”，多读书可以提高我们的写作技能。

成长指南

阅读能陶冶人的情操，给人以知识和智慧。所以，我们应该多读书，为我们以后的人生道路打下良好的、扎实的基础！

NO.2 孩子，你真的会读书吗

完整的阅读过程大致包括四个阶段：

感知	理解	评价	创造
字、词、句、篇	形式、内容	个人看法或鉴赏	独到的见解和新的发现

我们在阅读时，需要调动自己的情感因素，在感知文章的基础上，去揣摩、体味、感悟、联想、想象，见仁见智，品出自己的感觉，说出自己的见解。

掌握高效阅读的方法

01 联读

联读就是以课本内容为基点向课外延伸的阅读。具体的方法就是：课内学一篇，课外带几篇，以学一篇带动阅读同一作家的其他作品，以学一题材带动阅读同一题材的其他作品。这样一来，以一化十、以十化百，可以打开我们由课内通向课外的通道，使我们冲出狭小的教材阅读圈，散步于文学艺术的殿堂。

02 诵读

古人云："手披目视，口咏其言，心惟其义。"意思是读书时要手、眼睛、嘴巴和心一起用。张开嘴巴诵读可以帮助我们更投入地读书，享受阅读的乐趣，也能更好地记住和理解书里的内容。

03 拓宽阅读的视野

语文的外延十分广阔，报纸、杂志、电视、广播、网络都蕴藏着丰富的阅读资源。我们可以阅读优秀刊物中的文质兼美、形神兼备的佳作，也可以观赏内容丰富、形式新颖的电视节目，定期给自己开出必读书目，要求自己有计划地阅读。

04 略读和精读

不同的书和文章需要用不同的方法来阅读。有时候，我们只需快速浏览，这叫略读，就像看地图找到目的地一样。有时候，我们需要仔细阅读，这叫精读，就像拼图，把每个碎片拼在一起，才能看到完整的画面。对于书中精彩的段落，我们要多读几遍，认真体会和理解，这就需要深入细致的精读。

05 背读

背读就是把书中的精彩部分多读几遍，直到你能把它们记在心里。为了更好地背读，你可以用一些小技巧，比如理解背读，先弄懂你要背的内容是什么意思，这样记起来会更容易。再比如分段背读，把要背的内容分成一小段一小段的，一次只背一小段，这样不会觉得太难。

06 选书小技巧

我们可以根据个性和年龄特点来选择图书：

知识基础薄弱的人可以选择知识性较强的科普、文史知识类读物，丰富知识，扩大视野；

语言枯涩、表达平淡的人可以选择文质兼备的美文，感悟吸收，增强语感；

低年级的学生可以选择轻松明白的读物，学会感知和理解；

高年级的学生可以选择经典名著，侧重品读鉴赏。

成长指南

阅读作为语文能力的基石，越来越多地受到人们的青睐。在阅读中要想取得好的效果，最重要、最有效的就是方法。当然，阅读量的积累、语感和感悟能力的培养，是提高阅读能力的前提和基础。

NO.3 看书只需要“看”就可以吗

日本作家大岩俊之曾在很多公司担任销售工作，任职期间，他的表现突出，一直是公司的佼佼者，后来他走上独立创业的道路，提出了“成功人士皆为读书家”的观点，于是开始尝试一年时间阅读300本以上的书。

按他自己的说法，那段时间他在“阅读”这件事上花费了很多的精力，但不管他如何拼命地读，感觉还是记不住，过目即忘。后来，他参加了许多读书讨论会，并渐渐找到了问题的根源，形成了一套实用的阅读体系，并且写出了《实用性阅读指南》这本书，指出知识一定要化为实践，做到学以致用，真正吸收一本书的精髓。

若你也在读过一本书后，完全记不起书中的内容，那么，很有可能是你忽略了一点：阅读本身并不是我们的目的，只是我们的工具，我们应该从书本中跳脱出来，这样才能真正做到学以致用。

如何真正吸收一本书

01 带着目的阅读

我们要找到对自己有益的书并不难，例如，你想学习画画，就应该买与绘画技巧有关的书。

小建议

当一个人带有目的去阅读一本书，就更容易在书中找到他心中问题的答案，从而帮助他更好地记忆和吸收书中的内容。

02 提升阅读效率，找到重要的内容

看一本书，可以先看序言、目录和后记部分，因为序言和后记里往往浓缩了本书的知识要点和精华。在阅读的过程中，我们还应控制时间，提升阅读效率。

小建议

在读书的时候，不需要刻意要求自己理解本书的全部内容，你所需要做的，就是找到对你重要的部分。

03 运用“思维导图”

思维导图是英国教育家托尼·博赞创建的一种发散性思维方法，能将我们头脑中正在思考的内容，通过放射状的图形可视化出来。在阅读中运用思维导图，可以让我们在为一本书制作思维导图的过程中，渐渐对书的内容有清晰明了的认识和把握。

04 真正做到学以致用

我们读了一本书，里面的知识是记住了，但是若没有把这些知识加以运用，没有实践，这些知识也不会对你有多大帮助。因为只有把学到的知识加以应用，你才会真正地从知识中受益，得到改变和进步。

成长指南

我们在阅读时一定不能被书本内容束缚，不但要把握阅读方法，真正吃透一本书，而且要从书本中跳脱出来，真正做到学以致用。

第七章

好记性不如烂笔头

NO.1 整理笔记，相当于梳理知识

“从上初中开始，班主任老师就告诉我们，要搞好学习，一味地依托于书本是不行的，必须做好笔记，并吃透笔记。到现在为止，我的书柜中装满了各科的笔记，当我对某个知识点产生怀疑时，我都会拿出以前的笔记本，久而久之，这些知识都已经被我装进脑子里了。”这是一位成绩优异的学生的学习心得。

培养自己良好的记笔记习惯

01 整理你的笔记本

将每门课的笔记本放在一个地方。如用活页笔记本，还要及时整理归纳。

02 在课堂上不要做小动作

乱涂乱画或玩些什么东西，这些活动会耽误做笔记、影响注意力集中、打断与老师眼神的接触。

03 笔记的字迹要清楚

笔记完整清洁，那么几个星期或几个月以后，你依旧能知道它们的含义。但是不必用完整的句子记录，因为记笔记是一个选择、压缩和概括的过程。

小建议

对于你认为你可能遗漏的词、短语或思想，在笔记中要为它们留出空位，课后马上请示老师或同学，帮助你将这些空白填满。

成长指南

笔记是课堂学习的重要方面，是听课的有机组成部分。每个学生都应该从提高学习效率的高度去认识做听课笔记的重要性，让做听课笔记成为一种自觉的行动。

NO.2 课上怎么做笔记

一个成绩优异的学生说：“我在上课的时候有一个诀窍，就是一定要记笔记。很多重点问题就算当时记住了，可是往往是不深刻的。如果在纸上自己手写一遍，更能加深我们对这些知识的记忆，经过手写过的知识点，一般不会轻易被忘记。而且记在纸上，不仅可以将重点、难点提取出来，还可以随时进行复习巩固。”

专注听讲是很必要的，但在听课的同时也要记得适当地记录，因为课堂笔记可以帮助我们更好地理解和记忆课堂上学到的知识。养成课上做笔记的好习惯，会让我们的学习变得更轻松、更有成效。

课堂笔记写哪些

01 板书

老师在上课的时候，会用简单的话、整齐的句子、清楚的标题和明确的提示，把这节课的重要内容写在黑板上。这就是我们说的板书。如果我们能把老师写的板书记下来，就能更容易地理解课本里的知识是怎么组织的，各个部分之间有什么联系。

02 重点难点

做笔记时既要注意老师讲解的知识体系，更要注意抓住讲解的重点难点，有针对性地记下关键语句。

03 归纳总结

归纳总结是老师对讲课的重点内容的概括，是经过老师筛选、浓缩的一些带有规律性的知识。如果能够准确而有条理地记下来，可以减轻我们学习上的许多负担，少走许多弯路。

04 补充内容

要记下老师根据实际需要补充的课本之外的重要内容，以及老师带来的对学习有重要作用的某些信息。

05 讲课思路

思路是老师分析问题和推导结论的过程，它体现了老师的思想方法和对教材的透彻理解。记下老师讲课的思路，学会老师分析问题的方法，既可以少出错误，又有利于启发我们的思维，提高我们的思维能力。

06 听课时的疑问、想法或体会

听课时常有听不懂的地方或不能及时解决的问题，应及时记录下来，留在课后落实。

小建议

听课时也可能有一些新的想法，如新的论证角度、新的解题方法等，要及时记录下来，留待课后证实。

07 老师介绍的学习方法和各种题型的基本解法

记录老师讲的例题时，你没有必要完全照抄整个解题过程，而是要把最重要的解题关键点记下来，以后看一下几个关键点，能回想起来具体解法就够了。

成长指南

做笔记需要集中注意力，这有助于保持对课堂内容的专注。所以，当我们苦恼自己无法专心上课时，做笔记不失为一种解决上课走神的好办法！

NO.3 做完笔记也要记得复习

晴晴是一名初三学生，学习努力且擅长整理笔记。然而，她的考试成绩却不理想。班主任也发现了这一点，下课后，她将晴晴叫到了办公室，并道出了自己的想法。

可能有很多学生都和晴晴一样，认为只要将笔记整理好就万事大吉了，但正如这位老师所说的，要将知识真正记在自己的大脑中，我们还要经常复习笔记。在不断地复习的过程中，你会进一步考虑怎样把已经形成的“知识网”，用最形象的形式表现出来。这种考虑本身就是一种对知识的复习和巩固。

如何复习笔记

01 上完课就要开始复习

放学以后，就可以回忆课堂上老师所讲的要点。回想一下教室气氛和老师，包括老师的姿势、强调的语气和黑板上的注释。这会帮助你回忆起老师所讲授的要点和思想，并弄清模糊的观点。

小建议

可以问问自己，老师讲的话是什么意思？他的主要观点是什么？在下一堂课之前，把要问老师的问题或者你搞不清楚的一些观点记下来。

02 一有机会就要开始仔细地复习笔记

在课堂内容记忆犹新的时候，通过复习，在笔记中的空白处填上讲课时产生的疑问，把在复习过程中出现的问题也写下来。按需要把笔记补全，在课前或到办公室去问老师，讨论一下你的问题，随后将答案写在笔记本里。

03 考试前可以将笔记的内容复习一遍

考前先整理好笔记内容：有的是老师讲的，有的是书上的。然后拿出一张纸，把每个主题或章节的关键词写下来，接着大声朗读这些关键词和对应的笔记内容，最后尝试不看笔记，只凭记忆复述这些知识点，这样可以加深记忆，帮助复习。

成长指南

笔记是宝贵的学习材料。为了更好地发挥这种学习材料的作用，你必须多次复习笔记内容。有了系统的复习笔记，时常拿出来看看，可以起到提纲挈领、强化记忆的作用。

NO.4 做好难题和错题笔记

有一天，英语课代表阐述了自己的学习方法——错题集法。错题大约可以分两种：一种是自己根本不会做，因为太难了，没有思路；另一种是自己会做，因为粗心而做错。

“我觉得最有价值的错题是第二种。因为粗心也分许多种，我们也要分析它。第一，看错题。是看错数字还是理解错题意？为什么会看错题？怎样误解了题意？第二，切入点、思路出错，比如使用的方法根本不适合这类题目。第三，计算错误。为什么会算错？有没有方法避免？”

其实在考试中，最终竞争还是在于你究竟能做对多少。如果你能把自己粗心的错误规避掉，那么在考试中一定会取得非常好的成绩。

如何做难题笔记和错题笔记

01 难题笔记

纵向难题笔记：根据碰到难题的先后顺序记下平时练习和各次考试中碰到的难题，并在难题旁注上关键难点、解题思路与方法，列出该题若干种变化形式，举一反三。横向难题笔记：根据难题的性质，从横向分别加以归类。

小建议

同类型难题归在一起，见多识广，就不会在考试解题时因对不上号而无所适从。

02 错题笔记

避免错误重现最好的办法莫过于把错题记下，从中吸取教训。审题错误：分析是遗漏了题目的要点或细节，还是看错了题。题目归类错误：检查一下解决该题的有关知识是否掌握牢固，还有哪些漏洞，以便日后弥补和进一步巩固。

成长指南

人最不能原谅的是多次犯同一种错误，再难、再容易错的题，如果总结成笔记，重点突破，问题也就能迎刃而解。

NO.5 八个做笔记的好习惯

一位学生在谈论自己的学习心得时说：“记笔记不只是简单的记录，更需要有效地、巧妙地记录，这样才能真正发挥笔记的效用。”

做笔记的宗旨，就是把知识转移。因此，做笔记时要以大脑为领导、思维为中心、理解为标准、重点为获取，变老师和书本的知识为自己的知识。明白了这个道理，你就知道该怎样做笔记了。

做笔记的八个妙招

01 把握做笔记的时机

做笔记的前提就是不能影响听讲和思考，这就要求学生做笔记时把握好时机。做笔记的时机有三个：

- 一是老师在黑板上写字时，要抓紧时间抢记；
- 二是老师讲授重点内容时，要挤时间速记、简记；
- 三是下课后，要尽快抽时间补记。

02 注意做笔记的方法

课堂笔记要注意三种方法：

- 一是简明扼要、纲目清晰；

- 二是利用短语、数字、图表、缩写和符号进行速记；
- 三是根据科目及时调整笔记方式，如语文、英语的重点词语和句型可直接记在书页边，便于复习时查找。

03 注意笔记的方式

课堂笔记一般分三种情况来记：

- 一是用自己的语言，把老师所讲授内容的重点记下来；
- 二是一些重要的经典原话，如定义、公式、论点等，必须准确照抄；
- 三是对不懂的问题和疑点，要原样记下来，课后去研究、思考、查对和询问。

04 用不同的颜色来做笔记

使用彩色笔或荧光笔来区分不同的主题或重要性：

- 红色：用来划重点，比如重要的人名、日期。
- 蓝色：用来标记主要的标题和大的观点，这样一眼就能找到每个部分的主题。
- 黄色：用来画星星，标出不懂或者需要老师帮忙的地方。

注意，颜色不要过多，不然看起来会乱七八糟的。

05 分清主次体

课堂上做笔记，最值得提醒和反复强调的就是要分清什么是主体、什么是次体。“听”与“想”是主体，做笔记是次体。一定不能“满堂记”和“满板记”，要保证自己先听懂，想好了再记。

06 及时反思和调整笔记

学习过程中，我们需要不时地停下来想一想自己做笔记的方法是不是最有效的。就像学习骑自行车一样，一开始可能会摔倒，但多试几次，找到平衡点，就能骑得很好了。记笔记也是这样，多试试，找到最适合自己的方法，就能让学习变得更有趣。

07 尽量规范笔记

有的学生做笔记非常随意，今天这个本，明天那个本；或是今天一张纸，明天一张纸。最后所记笔记乱七八糟，到复习时东翻西找也不全。做笔记应尽量规范，最起码每科一本，这样用起来更方便。

08 不要抄别人的笔记

有的学生课堂上不愿自己做笔记，下了课去抄别人的笔记。这是一种很不好的学习习惯，不利于锻炼自己的总结、综合能力。一定要记住，笔记要自己写，自己做的笔记对自己才有学习效果和意义。

掌握以上八点记笔记的习惯，相信你一定能做好笔记，也能真正将笔记内容转化为你的知识。

成长指南

记笔记从字面上理解，重在“记”，如果记笔记仅是为了将来便于复查，这种理解并不全面，记笔记除了考前复查外，最重要的是通过记笔记这种手段形成思想、掌握方法、学会解题。不仅把他人的东西变成自己的东西，更重要的是把学过的内容消化吸收为自己知识体系的一部分。

第八章

做好时间管理，让学习更高效

NO.1 学习时间总是不够用怎么办

一名学生向他的爸爸抱怨：

每个人的精力都是有限的，谁也不可能做好所有事，同样，学生也是如此。时间是有限的资源，你选择了做某件事情，就意味着你放弃做别的事情。“做别的事情”就是你的“机会成本”。所以，做事情的标准，不是“某件事有没有意义”，而是“某件事是不是最有意义”。

如何节省精力，把握重点

01 记录时间损耗

你可以经常保持时间记录的习惯，每月定期拿出来检讨。往往以连续三四个星期为一个时段，每天记录，一年内记录两三个时段。有了时间耗用的记录样本，便能自行检讨了。

02 要专注，也就是“一次仅做一件任务”

专注的事情太多，什么都想做，什么都想管，结果往往什么都做不好。因此，你若想提高效率，就应该从本质上消除“兼顾”的想法，一次仅做一件任务。

03 学会舍弃一些不必做的事

许多学生天天在做一些他们觉得难以割舍的事，如看电视、打游戏等，不知占去了多少时间。其实，对于这种情况，只要审度一下这些事情对于自己是否有用，如果没有用，完全可以不做。

04 培养自己严谨的做事习惯，减少拘泥于小事的时间

常用方法是：主动整理自己的衣橱、抽屉和房间，培养仔细、有条理的习惯；学会自己安排课余时间和复习进度表，培养有计划、有顺序的习惯。

久而久之，你就会变得思维严谨起来，做事有规划，自然也就不会把过多时间耗费在细节上了。

成长指南

养成习惯后你会发现，在完成了必须做的事情后，就会感到如释重负。接下来如果还有时间，就可以去做想做的和喜欢做的事情。不知不觉间，你就实现了对时间的充分利用和高效利用。

NO.2 早晨起床这段时间怎么用

小泽征尔是日本著名的指挥家，他的成就除了来源于天分外，还来源于他的勤奋。

日本作曲家武满彻曾经在小泽寓所住过一段时间，目睹了大师的勤奋，他说："每天清晨四点钟，小泽屋里就亮起了灯，他开始读总谱。真没想到，他是如此用功。"

小泽征尔在青年时期就养成了每天早起的习惯，且一直坚持着，即便后来成名后，亦是如此。"当太阳升起的时候，我常常已经读了至少两小时的总谱或书。"小泽这样说。

大多数成功者，都是格外珍惜时间的人。现代社会，人们也在努力寻找提高学习效率的方法，我们要注意的是，不能忽视早晨的重要时间。因为在早晨，我们的身体在经过了一夜的休息后充满了能量，正是高效学习的时候。

如何利用好早晨时间

01 起床前花几分钟规划好一天

当你的闹钟响了，你不必像听到“必须起床”的哨子声一样。醒来后，你无须立刻起床，可以躺在床上，将一天的学习先做好安排，或者思考一些疑难问题的处理方法。等到将所想的事情都整理妥善之后再起床。

如果你习惯性赖床，常常还没想出对策就又进入梦乡了，那么，你最好立刻起床。

02 与家人沟通

懂得善用时间的人不应只将这个时段用来处理杂事，还应用来和家人沟通。比如，你可以和你的家人互道早安，一起吃饭，还可以谈谈当天的计划，这是调节心情的好方法。

03 一定要吃早饭

一些学生喜欢多睡一会儿，往往只好牺牲早餐，但饿着肚子学习，效率更低下。所以无论如何，别亏待你的胃。

成长指南

每天有二十四小时，而如何使用这二十四小时，决定了你的学习效率。从现在起，不妨养成早起和充分利用早晨时间的习惯吧，相信你会从中获益不少！

NO.3 学习要劳逸结合

乔良有自己独特的学习心得，他说：“学习的确需要刻苦，但还要学会劳逸结合。从小到现在，我一直都很喜欢体育运动，篮球、足球、乒乓球都是我的强项。即便是到了备考的冲刺阶段，我也一直坚持着自己的爱好，书看累了，出去跑上一圈，就感觉又有精力了。”

当自己感到疲倦时，就应该积极进行休息，以恢复大脑功能。有些学生虽然停止了学习，但是并没有从疲劳感中解脱出来，他们总是在担心单词没有背诵完、题目没有解答出来，换言之，他们的疲劳不只是劳动强度带来的疲劳，还有心理压力给自己带来的疲劳。

如何做到劳逸结合

01 主动休息

时间管理专家认为，我们学习四十分钟，就应该主动休息十分钟，这是有科学依据的：人在经历了一段时间的学习后，大脑兴奋度会降低，如果再持续进行这类工作，那么这些外界的刺激就不会使大脑皮层兴奋。

小建议

要使大脑的功能一直保持旺盛的状态，我们在休息时可以呼吸些新鲜空气，活动一下筋骨。

02 多参加体育运动

身体是奋斗的基础，没有一个好的身体，再大的能力也无法发挥。因而，我们要注意休息，不要一味地读书而忽视了锻炼身体。

03 保证充足睡眠

无论你现在的学习压力有多大，睡眠时间绝对不能低于 7 小时，这是我们的睡眠底线，不能突破。可以说，当人们累了的时候，睡觉是最好的休息方式，能使大脑受益。

成长指南

关于怎样才能让大脑真正得到休息，是有科学规律的，会直接影响你的学习效率和学习心态。你应该找到适合自己的最高效的休息方式让自己恢复精力，更好地学习。

第九章

记忆有方法，学习才能事半功倍

NO.1 记忆力并非天生

科学家认为，记忆力的高低归根结底取决于“记忆术”。

超强的记忆力来自刻苦的训练。为此，来自英国伦敦大学的麦克夸尔博士做了一次研究，研究的对象是获得过记忆冠军的8位选手，而研究的内容是让他们记住大量的数字、诗词和数百个任意出现的不相关的字的前后次序。

在对这些记忆冠军的研究中，麦克夸尔博士发现，他们的大脑并没有什么特殊的地方。

在《自然神经系统科学》上，麦克夸尔博士发表了她的研究成果。她认为：“一个人记忆力如何，与其智力高低或者大脑的结构并没有决定性的关系。”

很多人误认为记忆力是天生的，持有这种观点的人对于自己记忆力低下的现状总是无奈地接受，而丝毫不采取措施进行改善。很多科学家经过研究发现，记忆方法在很大程度上决定了记忆力。这意味着记忆并非完全取决于天生，而是可以经过后天的刻苦训练加以改善或者提升的。

训练记忆力的三种方法

01 速读法

速读法以快速阅读为基础。很多人认为使用这种方法会降低阅读和记忆效果，这是对于速读法的误解。事实证明，阅读效果和记忆效果都以右脑的图像记忆为主，而非左脑的逻辑记忆，左右脑是相辅相成、互为促进的。很多朋友都进行过速读记忆训练，对速读记忆训练的效果深信不疑，阅读的速度越快，记忆的效果越好。

02 反复抄写法

通过多次抄写需要记住的内容，可以加深我们对这些信息的印象。每写一遍，大脑都会重新处理一遍这些信息，从而记得更牢。

比如，想要记住一段课文，可以把课文抄写五次或更多次。这样不仅能锻炼书写能力，还能帮助记忆。

03 记忆宫殿法

记忆宫殿是一种通过想象熟悉场景，帮助记忆和回忆的方法。首先，选择一个熟悉的地方，如家或学校。在脑海中设定一个固定路线，将需要记住的信息转化为具体的形象，放置在路径的关键位置上。例如，可以想象一个巨大的苹果放在家中的桌子上，以记住“苹果”这个单词。然后，定期在脑海中“行走”这一路径，多次回顾信息。

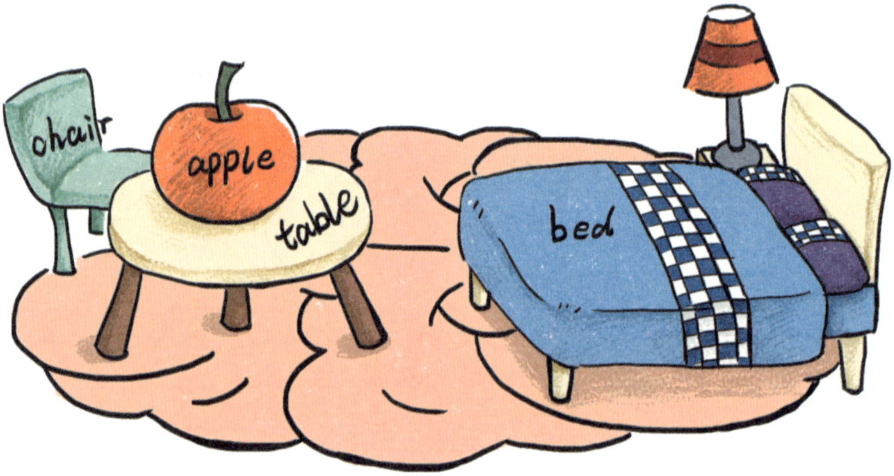

成长指南

每个学生都要重视记忆的作用，也要致力于寻找最适合自己的记忆方法，这样才能提升学习效率，收获优异的学习成绩。

NO.2 想象力有助于记忆

周末，妈妈和晓东一起参观博物馆，展览有埃及文物和木乃伊，晓东非常期待。

他们租了讲解器，听着讲解时仿佛置身古埃及。站在等比例还原的金字塔前，晓东许愿未来可以有机会见到真正的金字塔。

回家后，晓东查阅资料，第二天整整一天伏案写作，傍晚交给妈妈一篇充满历史感且令人身临其境的文章。

只靠死记硬背，我们很难记住那些枯燥乏味的知识。只有借助想象，在大脑中形成与那些知识对应的画面，记忆才会变得鲜活，充满生机和活力。特别是对于孩子，他们原本就缺乏人生经验，无法通过已经积累的经验对很多知识进行深度加工，就要发挥想象力的作用。

如何激发想象力

01 积累想象的素材，在头脑中储存大量表象

俗话说“巧妇难为无米之炊”，有了这些想象的素材，孩子很容易就能建造想象的高楼大厦。

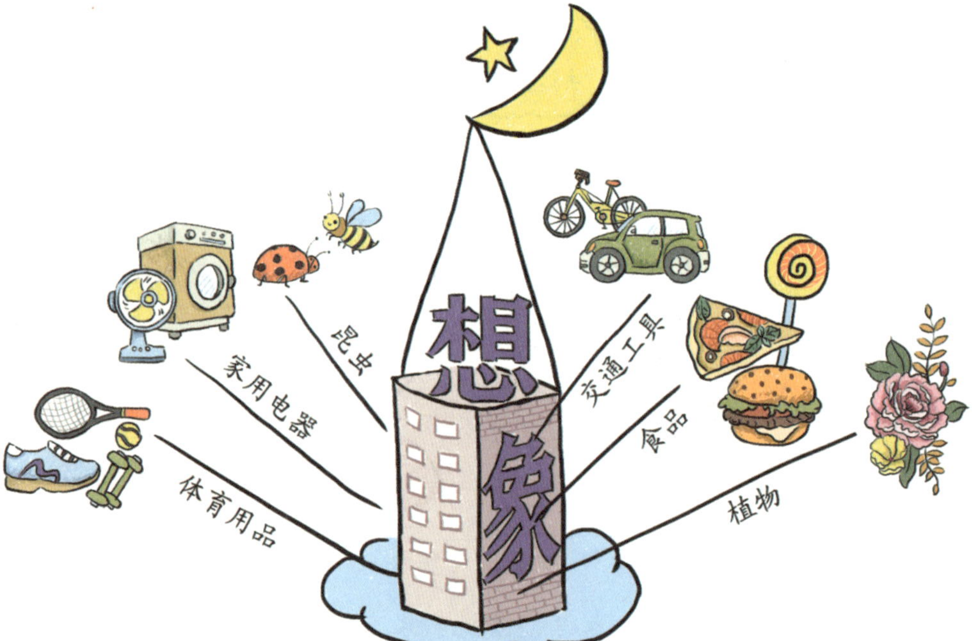

02 积累语言文字

语言文字是记忆的黏合剂，当拥有了丰富的语言文字素材，我们心中所想象的景象才能更加清楚地展现出来！

03 发展兴趣爱好，积极地开展人际交往

有时候，父母可能会因为各种原因对我们的日常活动有所限制，但这并不意味着我们无法发展自己的兴趣爱好或与朋友们交流。你可以尝试和父母进行坦诚的沟通，告诉他们你为什么喜欢某项活动或交朋友，这对你的想象力有怎样的帮助。

成长指南

孩子要学习发挥想象力，以想象和联想填补思维的空白。当然，这样的能力并非与生俱来，而是要在后天成长的过程中坚持训练才能获得。

NO.3 激活大脑潜能，让记忆力更强大

看到妍妍对记忆力训练的热情减退，妈妈决定在家举行背诵古诗比赛，以激发她的动力和成就感。比赛以速度取胜，谁能最快完整地背诵一首古诗得一分，最终得分最高者获心愿卡。

比赛前半段，妍妍一直领先，但后半段古诗难度增加，她开始担心。她说："这么长的《行路难》，我如何最快背下来呢！"妈妈鼓励她："妍妍，你是记忆小能手，要对自己有信心。"在妈妈的鼓励、爸爸的加油、爷爷奶奶的赞美和哥哥的"嫉妒"中，妍妍努力背诵，最终流畅地背下了古诗。

有心理学家提出，人类大脑拥有无限的潜能。每个人如果能够激发大脑潜能，大脑就能爆发出强大的力量，记忆力当然也会逐渐提升。

激发大脑潜能并不容易。很多孩子从未认识到自己的潜能，而常常自我设限。为此，我们就要想方设法创造机会，充分认识到自身的能力，建立自信心。

如何激活大脑潜能

01 勤于用脑，活跃思维

在日常生活和学习中，孩子们要勤于动脑，让思维变得更加活跃，这样才能最大限度激活大脑。人们常说脑子越用越灵活，说的就是这个道理。

02 保持运动

体育活动不仅对身体有益，还能改善大脑功能。跳绳、跑步、游泳等运动可以增加大脑的血液流动，激发大脑潜能，提高记忆效率。

03 注重合理饮食

很多食物是健脑益智的，诸如腰果、核桃、牛奶、鱼、虾等。我们要有意识地多多摄入这些食物，给大脑提供充分的营养物质，从而激活大脑，提升记忆力。

成长指南

记忆力的增强是一个循序渐进的过程，结合健康的生活方式和科学的学习方法尤为重要。每天规律作息、均衡饮食、多参加体育活动，在不知不觉中，我们的大脑将变得更加活跃，记忆力将更加卓越。

NO.4 两招教你快速记忆

韩雷，初三学生，学习成绩一直名列前茅，在这次期中全市统测中考取了全市第一名，引起轰动。区教育局派记者采访他，韩雷分享了他的学习经验。韩雷表示，学习的关键在于记忆，各科都有大量需要记忆的知识和公式。只要记忆力好，学习就能占优势。

对于记忆方法，他认为没有一种适合所有人，每个人都要摸索适合自己的方法。韩雷喜欢归纳、总结，在复习过程中抄写和整理重要知识点，以提升记忆效率。

作为学生，要想提升记忆效率，保证记忆效果，不但要坚持努力，还要摸索或创新出适合自己的记忆方法。通常情况下，直接照搬套用他人的记忆方法是不行的，毕竟他人的方法未必适合我们。我们要做的是对他人的记忆方法进行加工和创新，使其符合我们自身的情况。

快速记忆的方法有哪些

01 同伴教学法

同伴教学法又叫作“小老师”法，是指大家轮流当老师和学生。比如，一个小朋友教另一个小朋友做数学题。他们用简单的语言解释，互相问问题，还会一起讨论不同的解法。这种方法让我们更容易

记住知识，因为我们在讲解和讨论时，脑子里要不停地思考和组织信息。通过这样的互动，我们不仅加深了对知识的理解，也让记忆更牢固了。

02 旋律记忆法

旋律记忆法是指将要记忆的信息编成歌谣或旋律，通过音乐来强化记忆。旋律和韵律的重复让信息更容易嵌入大脑。比如，可以把历史日期、单词表或公式唱成简单的歌曲。研究表明，音乐能够激活大脑的多个区域，因此通过音乐记忆可以提高信息的记忆效果和持久性。

成长指南

记忆力是重要的能力之一。在学龄阶段，每个孩子都想在学习上表现得出类拔萃，获得令人羡慕的优异成绩，那么就要有意识地学习各种记忆方法，从而达到快速记忆的目的。

NO.5 记忆始于观察

周六，小荷过生日，邀请了好朋友小雨和小梦来家里做客。妈妈准备了大蛋糕和美味的食物，孩子们吃得很开心。下午，他们在小荷家玩捉迷藏。

几天后，小雨送给小荷一幅画，画的是小荷的家。小荷惊讶于小雨只来过一次就能画得这么细致，随后，大家围绕小雨的画开始了讨论……

记忆始于观察，观察是记忆的基础。如果没有观察，孩子就无法了解更全面的情况，自然也就不会进行面面俱到的分析和思考，使记忆缺乏原始材料。反之，那些善于观察的孩子，在他们的眼睛里和心里，世界呈现出五彩斑斓的样子，有很多值得感动的人和事，也有很多不为人注意的细节，还有很多深邃的道理。

如何培养和发展观察力

01 明确观察的目的

观察不是随便看看，而是有计划、有目的地去看和听。比如，当你去动物园时，不要只是随便看看动物，而是想一想你想了解什么。你可能会想知道猴子平时吃什么，或者大象喜欢哪里。如果你带着这些问题去观察，你就会发现更多有趣的事情。

02 生活中处处留心

在日常生活中，尝试关注更多细节，无论是人与人之间的互动，还是环境中的微小变化。比如，走在路上，孩子们可以观察身边的人穿着什么衣服，面部表情如何；在家里，孩子们可以观察家里栽种的植物或者饲养的动物，还可以观察爸爸妈妈之间的相处，以学习如何表达和沟通；等等。

03 坚持训练，提升观察能力

不管是四处旅游，还是读书看报，或者是观看影视节目，我们除了要做到认真看、仔细看，还要做到识别和记忆。

例如，记住观察对象的形状、数目、颜色、结构、特征等。只要记住这些重要的信息，就能在需要的时候还原当时的情形，实现记忆复现。

成长指南

人们常说见多识广，我们要说唯有观察细致，才能获得正确的印象，也才能真正提升和增强记忆力。孩子们要从小养成认真观察的好习惯，这样才能让学习如虎添翼。